1

A la conquête du monde

Receuil de nouvelles

Koffi Olivier HONSOU

A la conquête du monde

Receuil de nouvelles

TOME 2

REMERCIEMENTS

Je voudrais exprimer ici ma reconnaissance toute particulière à l'endroit de monsieur LEGONOU K. Lucien pour le temps et la disponibilité qu'il m'a accordé dans l'élaborer de cet ouvrage. Ses nombreux conseils m'ont été infinement précieux pour paufiner cette œuvre. Merci enfin à tous ceux qui ont contribué à la préparation de *A LA CONQUETE DU MONDE TOME II* notamment LEGONOU K.Yannick dit Nick LEGONOU, Jean Claude AMOUZOU dit Claude Speed THOTM'S ; tous deux membres de *LA FORCE DE L'ECRITURE* et Junior KENT l'infographe qui a réalisé la couverture du livre.

<u>PREFACE</u>

Honoré et fier j'ai été quand on m'a confié cette tâche d'introduire cette fascinante œuvre avec ces quelques mots; ces quelques lignes qui traverseront le temps et les générations.

Au risque de verser dans le narcissisme, j'arrête de parler de moi...

A travers ce tome II, le jeune auteur poursuit sa précieuse quête d'impacter le monde à travers ses écrits qui ne sont en réalité que des retranscriptions de nos quotidiens à tous. Entre drame, déception, passion, amour, humour; le tout agrémenté d'un soupçon de mysticisme, **À LA CONQUÊTE DU MONDE TOME II** est une palpitante aventure que je vous recommande vivement.

J'espère que vous êtes bien installés. N'oubliez pas d'attacher vos ceintures car la locomotive va se mettre en marche; direction le monde...

Yannick K. LEGONOU.

CASE DEPART

bu dhabi, Dubai,United Arab Emirates…

Hey Koffi ! Entendis-je par derrière.
Yes sir. Répondis-je en me retournant subitement.

— Take this tile and bring it to Ousmane on the third floor. Do you understand what i said?

— Yes sir. I understand.

— Okay. Fast fast. Don't waist a time.

J'inspirai profondément et m'abaissai pour soulever le carreau que je croyais léger. Je fus surpris par son poids qui n'avait rien à envier à celui d'un paquet de ciment. Je le redéposai. *L'arbab* était derrière moi et m'observait à la loupe. Je l'entendis vociférer une trentaine de secondes puis il vint se tenir en ma face.

— You this man ! What are you doing ? Are you telling me that you can't carry this tile ?

— I try sir but i can't. It is very heavy. Grommelai-je.

— Are you mad? Do you know how much i pay for your visa? What nonsense is this? If you can't do it, i'll send you home.

Je le regardai crier de toutes ses forces comme s'il venait de perdre quelqu'un de très cher sans broncher. Les autres ouvriers s'empressaient de s'en tenir à leurs tâches respectives pour éviter de devenir sa prochaine cible. Lorsqu' il eut fini de me traiter de tous les noms, il me demanda de quitter les carreaux pour les paquets de ciment. Je le remerciai et m'exécutai sur le champ à chaudes larmes. Ma première journée de travail ne pouvait pas plus mal commencer.

Des années plus tôt...

Je n'avais jamais imaginé un jour prendre l'avion. Pour moi, c'était un prestige que je réservais aux riches. Mais quand l'opportunité s'était présentée, comment pouvais-je y résister ?

J'avais terminé mes études universitaires et j'étais dans l'incapacité de trouver un travail. L'on nous faisait croire qu'une fois les diplômes obtenus, une belle vie nous attendait à l'horizon. Chose non moins facile que je compris tardivement. Je faisais des dépôts de dossiers de stage et d'emplois dans différentes entreprises en espérant que l'une d'elles m'embauche un jour et mette enfin un terme à mon statut de chômeur. Kathérine Pancol a dit à cet effet : *« On ne fait pas toujours ce qu'on veut dans la vie. Parfois au lieu de décider, on subit »*.

Dans ma quête de travail, je rencontrai une femme qui répondait au nom d'Aimée. C'était la secrétaire de l'entreprise dans laquelle j'avais effectué mon dernier dépôt. Ce jour là, il ne me restait qu'une seule copie de mon curriculum vitae. Chose dont je me rappelai après lui avoir remis le dossier. Je retournai auprès d'elle et la suppliai de me le redonner afin de pouvoir faire d'autres copies. Elle me lorgna de la tête aux pieds et secoua la tête. D'un geste, elle fouilla dans le lot des dossiers et retira le mien puis sortit le curriculum vitae et me fit une dizaine de copies. À mon départ, elle me demanda de lui donner mon numéro de téléphone.

Peu de temps après, j'eus des problèmes de loyer avec mon bailleur et il m'expulsa. J'emballai mes affaires et partis les déposer chez mes parents qui vivaient dans une autre ville. Ils n'avaient plus les moyens de me venir en aide. Je devais donc me débrouiller seul.

Une semaine plus tard, je revins à la capitale. Un vieil ami à qui j'avais rendu beaucoup de service de par le passé se proposa de m'héberger le temps que ma situation se régularise. Aimée m'appela un soir et me proposa un travail contre un maigre salaire. Un de ses amis avait crée une société qui fabriquait des savons. Pour cela, il recherchait quelqu'un qui savait conduire et qui se chargerait de la livraison dans la ville et ses environs. Je n'avais pas réfléchi une seconde avant de lui donner mon « ok ». Une semaine après, je pris contact avec le directeur de la société et commençai.

Ma situation évoluait progressivement. Je gérais minutieusement sur une longue période le salaire que je percevais. Je ne dépendais plus de personne.

Pour alléger la tâche à mon hôte, je lui payais la moitié du loyer. Plus tard, je fis la connaissance de Mawuna ; nom qui signifie en langue éwé « *Dieu a donné* ». C'était une très gentille et séduisante jeune femme. Nous avions vite sympathisé et quelques temps après étions mis ensemble. Elle exerçait un petit commerce de friperie.

Un soir quand je terminais ma journée de travail, dame Afi, la femme de mon patron était sur les lieux. Elle devait rentrer mais son mari était occupé par une réunion avec des investisseurs étrangers. Pour cela il me remit les clés de sa voiture et m'ordonna de la déposer. En chemin, elle commença à me faire des yeux doux et à me séduire. Ce qui me mit mal à l'aise. Je lui fis clairement savoir que j'étais en couple mais cela l'intéressait peu. Pour elle, il n'y avait pas de soucis d'autant plus qu'elle ne voulait rien d'autre à part coucher avec moi ce soir là. Devant le seuil de son domicile, elle fit remonter les vitres de la voiture et enleva la clé qu'elle fourra dans sa jupe et m'ordonna de la récupèrer. Je refusai catégoriquement. C'était quand même la femme de mon patron. Celui là même qui me permettait de joindre les deux bouts dans ma misérable vie. Pourquoi prendrai-je le risque de me faire virer ?

Le lendemain, à mon arrivée au travail, je fus surpris par le monde fou qui m'attendait avec des insultes ici et là. Le chef sortit et me demanda de le suivre dans son bureau. Il y avait également trois policiers et aussi dame Afi. Ces derniers m'interrogèrent sur ce qui s'était passé la veille. Je pris tout mon temps et les leur expliquai mais nul ne me crut. Dame Afi remonta la manche de sa chemise et leur montra une entaille au bras dont je serais responsable. Elle prétendit que je l'avais forcée et même frappée pour pouvoir abuser d'elle mais que ses cris m'avaient fait fuir. Que pouvais-je contre ses fausses allégations ? Les policiers me passèrent les menottes. Quelques mois plus tard, je fus condamné à cinq ans de prison ferme. Mawuna me rendait souvent visite. Un soir, elle m'annonca qu'elle était enceinte. Je ne pouvais m'empêcher de verser des gouttes de larmes. Comment allait-elle s'en sortir sans moi ?

Le ventre de Mawuna commençait à se faire voir. Elle ne pouvait plus rien faire. Pour cela, mes parents lui proposèrent de l'héberger et de prendre soin d'elle. Encore une bouche supplémentaire à nourrir.

Cinq ans plus tard, je sortis de taule. Mon fils était déjà un grand garçon. Les choses allèrent de mal en pire pour moi. Plus personne ne voulait m'embaucher dans son entreprise vu mon casier judiciaire. Cela m'amenait à beaucoup réfléchir. Puis un soir, me connectant à facebook, je discutai avec Thomas un ancien camarade de classe. Il vivait aux Emirats. Je lui expliquai ma situation et il se proposa de m'aider à obtenir le visa si j'en avais les moyens. Le coût s'élevait à un million neuf cent mille francs

CFA inclus le logement et le billet d'avion. Selon ses dires, il y avait beaucoup d'opportunités. Des travaux motivants, bien rémunérés, pas moins de cinq cent mille francs par mois. Il suffisait juste de faire la demande auprès des autorités compétentes et en un temps très bref, tous les documents seront prêts. Il me demanda de lui envoyer mon Curriculum vitae, le scanner de mon passeport et deux photos passeports également. Ce que je fis sans hésiter. J'avais pleinement confiance en lui vu que nous avions partagé le même banc à l'école.

Je réfléchis longuement. Mes parents n'avaient pas les moyens de me payer un tel voyage et je n'avais rien en réserve comme économie. Qu'allais-je faire ? J'en touchai un mot à Mawuna. Elle avait un oncle qui pourrait nous aider. Nous le contactâmes. Il nous demanda si nous étions assurés de la véracité des affirmations de Thomas. Nous lui avions répondu « *oui* ». Alors, il nous prêta une somme de deux millions de francs sans intérêts.

Une trentaine de jours plus tard, Thomas m'envoya le visa électronique. Une entreprise spécialisée dans la fabrication des plastiques s'était engagée de m'embaucher, me loger et m'assurer. Je me sentais très fièr et excité. *« Finie la galère! Finies les souffrances! Ma famille sera bientôt à l'abri.»* Pensai-je gaiement.

Quelques semaines après, je reçus également le billet d'avion et les autres papiers. Je m'envolai tenter ma chance pour un avenir radieux comme le dit cet adage libyen : « *Qui n'a pas de chance dans son pays, qu'il aille la tenter chez autrui* ».

À mon arrivée, des membres de l'entreprise me conduisirent au siège. Le grand patron que tout le monde appelait *Arbab ;* chef en arabe m'y attendait. Un léger sourire apparut sur ses lèvres lorsqu'il m'aperçut. Il me souhaita la bienvenue et me réclama mon passeport. Je refusai dans un premier temps mais il insista. Je le lui remis.

— Tu travailleras comme *aide-maçon* de mes carreleurs avec un salaire de cent mille francs par mois. Tu travailleras neuf heures trente par jour avec un repos de trente minutes. J'ai mis Thomas au parfum de tout avant ton arrivée. Le visa que nous t'avons fait couvre une période de deux ans renouvelable. À six mois, tu peux rompre le contrat si le travail ne te convient pas. Avant ce délai, c'est impossible. Mon assistant t'accompagnera à ton appartement.

C'était comme si je venais de recevoir une claque. Où venais-je d'atterir? Je devrais normalement travailler dans une entreprise spécialisée dans la fabrication des plastiques. Pas dans une societé de carrelage. Ils me conduisirent dans un vieil immeuble sale touffu d'ordures de chaque côté. Différentes nationalités s'y trouvaient. Ils s'arrêtèrent devant une chambre. Ç'était mon appartement. Un jeune presque dans le même âge que moi vint m'ouvrir. Il me salua d'un geste et me souhaita la bienvenue. Je fis entrer mes valises. Une vingtaine de personnes dormaient dans des lits superposés. Il m'en montra un petit d'une place qui m'était destiné.

— Prend en soin. Ce sera dorénavant ta demeure. Me dit-il.

Je ne pouvais retenir mes larmes. Comment Thomas avait-il pu me mentir ainsi ?

Rapidement, je multipliai les cent mille fois vingt quatre. Cela atteignait à peine deux millions cinq cent. Thomas m'avait pourtant garanti que tout allait se passer comme il me l'avait promis. Je décidai de l'appeler et de tirer ça au clair. Dès qu'il entendit ma voix au téléphone, il raccrocha immediatement et devint inaccessible. Je n'eus plus de ses nouvelles.

Malgré ma déception, je décidai de faire ce travail dont je n'en avais aucune connaissance. J'avais pensé à ma femme et à mon fils. À mes pauvres parents et surtout au prêt que j'avais contracté. Il m'était impossible de retourner en arrière. Je devais donc m'adapter à cette difficile situation en attendant de trouver d'autres solutions.

Déjà à cinq heures du matin, un bus nous attendait et nous ramenait vers dix sept heures. Nous n'avions que le vendredi pour nous reposer. Le premier jour avait été pour moi un sacré calvaire. Je devais porter de lourds carreaux jusqu'au troisième étage. Chose qui m'était impossible. *L'Arbab* m'insultait et me traitait de tous les noms. Pire, il me menaçait souvent de me renvoyer chez moi. Je ne savais pas quoi faire.

Un mois passé à travailler comme un animal et à subir tant d'humiliations, *l'arbab* refusa de me payer. Selon ses dires, Thomas ne lui avait pas payé la totalité des frais de visa qui s'élevaient à six cent vingt mille françs. Il allait donc le prélever sur mon salaire. Je lui expliquai longuement que ce dernier m'avait pris pratiquement deux millions pour ce même visa mais il ne voulait rien entendre. Pour lui, je devais demander des comptes à Thomas.

Au travail un après midi, j'eus un malaise. J'en parlai à *Arbab* mais il en était resté indiférend. Par contre, il m'intima l'ordre de transporter une dizaine de paquet de ciment jusqu'au dernier étage de l'immeuble dans lequel nous travaillons. Le faisant, je m'effondrai. Il arriva une minute plus tard et commença à criailler. Il me fit clairement comprendre que c'était la dernière fois que je mettais les pieds sur son chantier ; de déguerpir. Je n'avais nulle part où aller et pire, il avait en sa possession mon passeport. Cette même nuit, je fis une crise qui me conduisit à l'hôpital. Après auscultation, les médecins m'interdirent à jamais d'exercer des travaux qui nécessiteraient beaucoup d'efforts physiques. Ils me prescrirent des médicaments que je payai avec mes propres sous et me gardèrent quelques jours en observation. Je contactai ma famille et leur raconta mes mésaventures. Ils me conseillèrent de rentrer au pays.

Le lendemain, étant bien au courant de mon état de santé, *l'Arbab* m'appela et me demanda de revenir travailler. Nous devrions commencer un chantier dans une usine de pétrole très éloignée de la ville qui durerait pratiquement cinq mois. Je lui donnai la réponse des médecins. Il se fâcha de nouveau et me répéta que c'était terminé pour moi. Tout le monde partit, me laissant seul. Les économies que j'avais apportées s'épuisèrent. Je trouvais difficilement à manger en dépit du fait que je devais prendre les médicaments. N'en pouvant plus un soir, je demandai via un message à l'un de mes colocataires le numéro du directeur de l'agence qui se chargeait des visas. Je le contactai et lui expliquai tous mes déboires. Il promit de me recontacter après avoir discuté avec l'*Arbab* à condition que je paye la moitié du billet d'avion.

Deux semaines plus tard, il me remit mon passeport et la moitié du prix du billet. J'appelai la famille au pays qui le compléta. Je trimballai ensuite mes valises pendant plus de deux heures jusqu'à l'aéroport. Tout essoufflé, je m'assis au portail qui allait m'embarquer. Retour à la case départ.

LE

JOURNAL D'AMINA

oi, lisant à haute voix devant toute l'assemblée.

Je n'étais qu'une adolescente lorsque mon père avait quitté ce monde. Je pensais m'en tirer facilement grâce à l'énorme héritage qu'il nous avait légué à ma mère et à moi mais les choses s'étaient passées contrairement à ce que nous avions imaginé.

Après les funérailles, ma famille paternelle avec laquelle nous avions depuis fort longtemps eu des différends imposèrent à ma mère d'épouser le cousin direct de mon père pour préserver sa fortune; Ce que nous avions catégoriquement refusé. Nous n'étions plus au moyen âge où la femme était soumise à n'importe quel ordre. Ils nous laissèrent le temps de réfléchir et de leur donner ensuite une réponse.

Quelques temps après, alors que nous ne leur avions pas encore répondu, ils débarquèrent à l'improviste et nous chassèrent à coups de machette de la maison que mes deux parents avaient contribuée ensemble à construire. Ils saisirent tous les biens qui s'y trouvaient ainsi que la grande boutique de ma mere qu'elle avait construite à la sueur de son front.

Ne pouvant pas laisser cet acte ignoble impuni, nous saisîmes le chef du village pour trancher l'affaire. Il nous promit un jugement impartial mais grande fut notre surprise le jour j. Il nous fit clairement savoir que nous devrions obeïr à ce qu'avait décidé la famille. Au cas contraire, il se lavera les mains de tout ce qui nous arrivera. Mais ma mère était vraiment decidé à ne pas se soumettre. Cette famille avait sans cesse insulté et méprisé mon feu père lorsqu'il était au bord du gouffre; lorsqu'il luttait pour de meilleures conditions de vie, la famille lui avait tourné le dos. Pourquoi maintenant s'acharner sur elle et pire pourquoi la forcer à se remarier d'autant plus qu'elle n'avait pas encore fait le deuil de son mari?

Nous étions devenues la risée de tout le monde. Nous n'avions plus de toit où dormir et ma mère n'avait plus d'activités génératrices de revenus. Je ne fréquentais plus. Pour manger, nous devions métayer. Je me souviens du jour où nous avions mangé du manioc cru parce que nous n'avions pas des allumettes et du bois pour faire du feu et le cuire. Ceux que mon feu père avait aidés, nous méprisaient aussi. Pour eux, nous avions enfreint la tradition de nos ancêtres donc nous devrions en payer les conséquences. Ma mère versait les larmes à chaque fois qu'elle me voyait triste. Elle se rappelait souvent de ces merveilleux moments que lui et mon feu père passaient ensemble. Il n'avait cessé delui répeter que j'allais devenir un grand docteur de renommée internationale. Mais qu'en adviendra-t-il à present?

Nous décidâmes de quitter le village. Nous prîmes la route de la ville après avoir fait nos valises. Nous n'avions pas l'argent du transport. Nous étions donc obligées de parcourir les deux cent et quelques kilomètres à pieds.

Après des heures et des heures de marche, nous étions fatiguées alors que nous n'avions parcouru que trente kilometers. Nous décidâmes de faire une petite escale pour nous reposer. La route était déserte. Il était environ seize heures. Ma mère sortit de son petit sac à main une bouteille d'eau que nous avions bue avidement. Ensuite, elle sortit un pagne qu'elle étala à terre. Nous nous allongeâmes dessus. Quelques instants plus tard, des voix se firent entendre pas loin de nous. C'était des chasseurs de gibiers. Dès qu'ils nous aperçurent, ils s'arrêtèrent. L'un d'eux chuchota quelque chose tous bas aux autres puis immédiatement, leurs manières changèrent. Ils s'approchèrent de nous et nous demandèrent sauvagement ce que nous faisions là. Ma mère leur répondit que nous étions en train de souffler un peu après de longues heures de marche. Ils se mirent à ricaner puis m'ordonnèrent de me déshabiller tout en braquant les fusils sur nous. Je commençai à frémir. Mes mains tremblaient et j'avais des sueurs froides. Ma mère, la voix rauque les supplia de toutes ses forces de me laisser tranquille. Mais ils restèrent indifferents à ses supplications. J'etais donc obligée de leur obéïr pour qu'ils ne nous abattent pas. J'enlevai doucement ma vieille chemise puis mon soutien gorge. L'adrénaline leur monta lorsqu'ils aperçurent mes seins raidis. L'un d'eux s'abaissa près de moi et commença à les tripoter. Ma mère intervint en le rouant de coups de poing. Brusquement, un bruit assourdit mes tympans. L'un des hommes venait de lui tirer dans la poitrine. Du sang sortait abondamment de sa bouche. Sa respiration étouffée, elle s'effondra. Dès qu'ils se rendirent compte de la gravité de la situation, ils déguerpirent.

Allongée sur elle, baignant dans son sang, je retenais difficilement mes larmes. Je la secouais en espérant qu'elle me ferait un signe. Hélas, elle ne pouvait plus m'entendre. Elle avait déjà rejoint mon père au paradis. Je cherchai des feuilles de palmiers et recouvris son corps. Je la quittai difficilement quelques heures plus tard. Je n'avais même pas les moyens de lui faire de dignes funérailles. Ma mère ; celle qui m'a mis au monde et qui venait de me sauver d'un viol.

Démoralisée et abattue, je repris la route. Je devais atteindre la ville et réussir coûte que coûte mes rêves et honorer la mémoire de mes feux parents.

Après vingt quatre heures de marche, je m'arrêtai au bord de la route et essayai de faire de l'autostop. *Une bonne volonté pourrait avoir l'amabilité de me dépanner*. Me disais-je. Après un long moment, un vieil homme klaxonna et s'arrêta auprès de moi. Il me demanda ce que je faisais là à cette heure. Je lui racontai mes mésaventures. L'air abattu, il resta silencieux un moment et ensuite me fit monter dans sa voiture. L'homme en question s'appelle Israël. Nous retournâmes jusqu'à l'endroit où se trouvait le corps de ma mère et il appela la police. Ces derniers arrivèrent quelques instants plus tard et transportèrent le corps à la morgue en ville. Après des investigations qui n'aboutirent à rien, ils nous ordonnèrent de l'enterrer. Israël se proposa de m'adopter. Après les formalités administratives, Il m'amena chez lui et me présenta à sa famille. Il avait une femme, nommée Nina et quatre fils tous majeurs. Un acceuil chaleureux m'y attendait. Il m'inscrivit de nouveau à l'école. Je pouvais donc poursuivre mes rêves.

Quelques mois plus tard, Israël m'annonca qu'il partait en mission d'un an à l'étranger. Il me confia à sa femme et ses fils.

Dès son départ, Nina me confectionna un uniforme de domestique. Je devais le porter tout le temps. Finis l'école et les autres privilèges. C'était ça ou je prenais la porte. Que faire ? Je n'avais pas d'autres choix que de me soumettre. Chaque matin, je nettoyais toute la maison, faisais la vaisselle et ensuite les courses. Je prenais souvent mon petit déjeûner aux alententours de quatorze heures. Des fois, c'était mon seul repas journalier. Nina n'aimait pas me voir rester sans rien faire. Elle me criait dessus et même m'insultait à chaque fois qu'une tâche n'était pas bien ou vite faite. Malgré tous les efforts que je faisais, cela ne comblait pas ses attentes. Lorsqu'un membre de la famille arrivait, j'étais bien choyée par elle mais dès qu'il partait, ses maltraitances à mon égard recommençaient. Je me souviens d'un soir où le petit frère d'Israël passa nous voir. Il m'avait offert une somme de dix mille françs. Nina me la retira après son départ. Malgré tout, j'étais restée sereine.

Jean, le benjamin me faisait des avances. Il me harcelait, me prenant pour une fille de joie. Même si j'étais une villageoise et une domestique chez eux, cela ne signifiait pas que j'étais une fille facile. Je le remis à sa place. Il m'assura que mes jours étaient dorénavant comptés.

Quelques jours plus tard, Nina m'envoya faire des courses au marché. Ils devaient rendre visite à un membre de la famille malade. A mon retour, Jean se trouvait au portail. Intérieurement, je m'interrogeai sur la raison pour laquelle il n'était pas parti avec les autres. Je le dépassai et regagnai la cuisine le temps de tout nettoyer avant que Nina ne revienne. Peu après, je l'aperçus se diriger vers moi.

— Pour qui te prends-tu en me repoussant? Beyoncé? Ou Rihanna? Tu sais combien de femmes rêvent d'être en couple avec moi? Sale servante! Tu vas me le payer. Cria-t-il amèrement.

— Je t'en prie Jean. J'ai assez de problèmes

comme ça avec ta mère. N'en rajoute pas s'il te plaît. Le Supplai-je.

— Ferme la! Jamais personne ne m'a rejetté comme tu le fais. Aujourd'hui est le jour de ta punition.

Avant que je ne formule à nouveau une phrase, il m'asséna un coup de poing en pleine figure qui me fit perdre la boule. Je me retrouvai à terre me tordant de douleur. Ma vision devint floue. Il déchira ma robe et ôta mon soutien gorge. Je sentis ensuite son lourd corps sur le mien. Il m'attrapa les deux bras par derrière et enfonça un chiffon qu'il avait pris sur l'armoire dans ma bouche puis commença à palper mes petits seins. Je ne pouvais plus me débattre devant sa forte corpulence. Il m'avait totalement maitrisée. Je le laissai donc faire tout en pleurant intérieurement. Après ses tumultueux va et vient, il me serra plus fort contre lui, hurlant de plaisir pendant que des larmes s'écoulaient abondamment de mes yeux. Il se leva, me quitta après m'avoir interdit de le raconter à qui que ce soit sinon il me tuerait.

Je versais des larmes à chaque fois que je m'en souvenais ou des fois lorsque j'apercevais Jean. Il riait souvent lorsque nos regards se croisaient. Pour lui, je l'avais bien mérité.

Un soir, Nina réunit toute la famille. Elle me demanda de faire mes valises et de partir. Jusque là, je ne comprenais absolument pas ce qui se passait. Jean intervint, tenant une enveloppe en main. Il prétendait l'avoir retrouvée dans mes affaires. C'était la dernière tranche de son écolage. Malgré mes démentis, je fus battue et chassée de la maison comme un vulgaire animal sans qu'Israël ne soit mis au courant. Je n'avais meme pas pas son numéro de téléphone pour le contacter.

Je repris ma vie de sans domicile fixe. Cette fois-ci, j'étais fatiguée de vivre. Plus rien ne m'importait. Un soir, vers dix neuf heures, j'entendis des cris depuis le hangar où j'étais couchée. Une foule poursuivait une jeune femme qui avait presque le même âge que moi. C'était une voleuse. Lorsque la foule arriva à mon niveau, elle me prit pour l'autre et me bastonna copieusement jusqu'à ce que je perdis connaissance.

Je me réveillai plus tard dans un appartement bien meublé avec jeune dame d'une trentaine d'années à mon chevet. Elle s'appellait Anne. C'était elle qui m'avait secourue. Elle ne pouvait retenir ses larmes après que je lui narrai mes mésaventures. Cela ressemblait un peu à la sienne. Elle avait perdu son mari et ses deux enfants dans un accident de circulation. Depuis, elle était restée seule. *Ma fille, à partir d'aujourd'hui, tu ne souffriras plus. Ce fut sa réponse pour* me réconforter.

Je passai les meilleurs moments de mon existence en compagnie d'Anne. Je commençai à oublier tous mes soucis. Elle m'inscrivit de nouveau à l'école. J'avais également une chambre propre à moi. Je mangeais à ma faim, mes accoutrements avaient changé et le plus exaltant était que j'étais libre de faire tout ce que je voulais. Je ne pouvais pas rêver mieux.

Je me rendis compte dans le deuxième mois que je prenais involontairement du poids et que mon ventre grossissait. J'avais des nausées et je crachais dans tous les sens. C'était en ce moment que je me rappelai avoir raté mes menstrues le mois précédent. J'en parlai à Anne. Elle m'accompagna à l'hôpital où l'on me fit un test de grossesse qui s'était avéré positif. Après maintes réflexions, je décidai de m'en débarrasser car cela me rappellerait souvent Jean. Anne par contre me conseilla de la garder. Avec beaucoup d'arguments, elle parvint à me convaincre.

Des mois s'étaient écoulés et ma grossesse était à son terme. Anne avait déjà préparé une petite chambre qui acceuillira le bébé. Je commençais à me sentir faible. Je ne pouvais plus rien faire; j'arrêtai momentanément l'école…

Je fermai doucement le journal tout en lorgnant tout le monde qui se trouvait dans la salle. Je pouvais lire différentes émotions sur leurs visages. Jean était là assis accompagné de sa femme, la tête baissée. Il n'en revenait pas que maman était enceinte de lui. Israël et Nina frappés par la vieillesse avaient de la peine à articuler les mots. Un grand silence régna.

D'un ton triste, je demandai à Anne:

— Qu'est-ce qui s'était passé ensuite grand mère?

— Eh bien, la grossesse eut des complications et un seul choix s'imposait aux médécins. Sauver Amina ou toi. Elle décida que tu viennes au monde et m'avait fait promettre de te donner le journal à tes dix huit ans. Ta mère est une femme forte et courageuse. Malgré tout ce qu'elle a traversé, elle s'est battue jusqu'à son dernier souffle pour toi. Que le seigneur veille au repos de son âme.

J'éclatai en sanglots. Anne me consola en me serrant dans ses bras. Jean, Nina et les autres avaient du mal à relever la tête. Le seul fait de m'imaginer faisant partie de leur famille me donnait envie de vomir. Je les détestais au plus profond de moi. Mais pour que l'âme de ma mère retrouve le salut, je devais faire un geste.

— Je vous pardonne tous mais je ne ferai pas partie de votre famille; dis-je en demandant à Anne qu'on s'en aille.

L'AME DE PATRICK

Ceux qui sont morts ne sont jamais partis. Ils sont dans l'ombre qui s'éclaire et dans l'ombre qui s'épaissit. Les morts ne sont pas sous la terre. Ils sont dans l'arbre qui frémit, ils sont dans le bois qui gémit, ils sont dans l'eau qui coule, ils sont dans la case, ils sont dans la foule. Les morts ne sont pas morts. Disait Birago Diop dans <u>le souffle des ancêtres.</u>

Patrick était un riche homme d'affaires togolais résidant en Côte d'ivoire. Il y vivait avec sa petite famille: Isabelle, sa femme de nationalité ivoirienne et ses enfants. Cela faisait pratiquement une vingtaine d'années qu'il avait rendu visite à ses parents au pays. Il se contentait de leur téléphoner et de leur envoyer de l'argent en cas de besoin.

Tout allait bien jusqu'au jour où il fut braqué par des *délinquants*. Ces derniers emportèrent tout son argent et le blessèrent gravement.

Il passa plus d'un mois aux urgences sans se remettre. Il rendit finalement l'âme. Isabelle avertit ses parents. Ces derniers après plusieurs jours d'assise lui demandèrent comme l'exigeait leur coutume d'enterrer le corps mais de leur garder les ongles et les cheveux. Une delegation y passera les récupérer pour son inhumation dans son village natal.

La délégation arriva comme prévu à Abidjan mais grande fut leur surprise. Isabelle et sa famille avait déjà enterré totalement Patrick sous prétexte que leur coutume leur interdisait de prélever les parties du défunt. La delegation retourna donc bredouille et fit un rapport au grand patriarche de la famille.

Furieux, ce dernier remplit une calebasse d'eau et invoqua les ancêtres. Il leur racontai ce qui s'était passé et se lava les mains des conséquences que cela pourrait occasionner.

Isabelle avait l'habitude de se reposer sous la paillote de la maison. Ce jour là, c'était vers midi. Elle y étala une petite natte et s'y allongea. À peine ferma-t-elle les yeux que Patrick lui apparut. Paniquée, son rythme cardiaque s'accéléra.

Il lui dit :

— Aide-moi. Je veux rentrer chez moi.
Bégayante, elle parvint quand meme à lui répondre.

— Mais Patrick tu es mort.

— Je veux rentrer chez moi! dit-il de nouveau avec un ton menaçant.

Elle se leva doucement et marcha à reculons pendant une trentaine de secondes avant de s'enfuir à toute vitesse. Patrick disparut mais l'histoire se repétait continuellement.

Dépassée par les évènements, Isabelle alla demander conseil à un prêtre. Ce dernier lui révéla qu'elle devait ramener les ongles et les cheveux de

Patrick à qui de droit pour qu'il ait des funérailles dignes. C'est suite à cela que son âme retrouverait la paix. De retour, elle en toucha un mot à sa famille. Ils décidèrent ensemble de déterrer le corps et de prélever les parties réquises.

Une semaine plus tard, ils se rendirent au Togo mais la famille de Patrick refusa de les recevoir. Il fallut l'intervention du chef du village pour qu'une assise soit organisée pour les négociations. Isabelle et sa famille présentèrent des excuses à tout le monde. Les fils de Patrick furent presentés à la famille. Quelques jours plus tard, Patrick fût inhumé avec des cérémonies et des funérailles traditionnelles dignes de ses origines. Son âme peut dès lors reposer en paix.

CE QUE L'ALCOOL PEUT VOUS FAIRE CROIRE

C'était un samedi matin. Je me réveillai affamé. Mais je n'avais rien à manger. La soirée débordante de la veille m'avait totalement déplumé ; je crois que je n'aurais plus jamais envie d'y participer. Farfouillant ardemment dans mon sac, j'avais l'espoir de retrouver un petit billet caché quelque part dont j'aurais oublié l'existence. Je priai intérieurement que le ciel écoute mes prières et que mon ventre soit comblé dans un laps de temps. Malheureusement, ce fut sans résultat. Si et seulement si j'avais écouté ma mère, je ne serais pas en cet instant même à l'agonie. *« Ne va pas à cette soirée »* était ce qu'elle m'avait conseillé mais mon entêtement avait pris le dessus; je m'étais facilement laissé berner par mes camarades.

Je sortis m'adosser à un tonneau se trouvant devant ma porte, les mains dans ma poche. Puis brusquement, je sentis ma main frotter quelque chose. Je la sortis. C'était une pièce de deux cents francs. Un petit sourire apparut sur mes lèvres. Au moins, j'avais de quoi payer du riz. J'enfilai une tenue et allai chez la bonne dame qui en vend au bout de la rue.

Une immense foule l'encerclait et criait pendant qu'elle s'efforçait à les satisfaire tous. Elle leur intima gentiment l'ordre de se mettre en rang pour faciliter les choses. Je m'approchai, saisis une assiette et me faufilai dans le rang. Un vieil homme vint se mettre derrière moi. Il me tapota l'épaule. Je me retournai.

— Est-ce que vous pouvez me payer du riz pour trois cents francs ? Je suis à sec. Me lança-t-il.

Je restai indifférent vis-à-vis de lui mais il me le redemanda une deuxième fois, ce qui me mit en colère. Je le chargeai d'insultes et l'humiliai devant tout le monde. Après avoir tout encaissé, il murmura dans mes Oreilles:

— *La politesse est aussi une vertu. Reviens me voir lorsque tu n'auras plus de dents.*

Je n'en compris pas un mot. Dès que je me retournai, je ne l'aperçus plus. La bonne dame me servit et je me régalai.

Ma pauvre mère m'attendait de pied ferme à mon arrivée. Elle était en colère parce que je n'avais pas lavé le costume que mon père m'avait confié. Il devait le porter pour une réunion importante. Je formulai deux petites phrases pour m'excuser. Au fur et à mesure que je terminais chaque phrase, une de mes dents tombait. C'était à cet instant que je compris ce que m'avait murmuré le vieil homme. Maman se rendit compte que quelque chose clochait. Alors, elle me le demanda. Je me contentai de lui répondre par un hochement de tête par peur de faire tomber le reste de mes dents qui restaient encore. Je m'empressai de regagner ma chambre mais elle me suivit et m'apostropha au seuil de la porte.

— Que se passe-t-il mon fils? Qu'est-ce qui ne va pas?

Je ne lui répondis rien, lui remis le costume sale et ressortis à toute vitesse en direction de la vendeuse du riz. Malheureusement, elle était incapable de me renseigner sur ce vieil homme. C'était la première fois qu'elle le voyait aussi. Je retournai à la maison abattu et démoralisé. Si et seulement si je m'étais contenté de lui répondre gentiment en lui expliquant que j'étais sur la paille.

Je devins muet à la maison. Tout le monde était en rogne contre moi parce que je ne leur donnais aucune explication sur ce qui m'arrivait. Je décidai d'écrire une lettre dans laquelle je pris soin de tout leur expliquer. Ils compatirent tous à ma douleur mais aucun d'eux ne pouvait me venir en aide. Je devais donc me démerder seul pour retrouver ce vieil homme.

Je me mis à parcourir les rues en essayant de décrire sans parler son allure à tous les passants en espérant que quelqu'un le reconnaîtrait. Mais ce fut peine perdue. Sur mon chemin de retour, j'aperçus trois gaillards qui couraient dans ma direction mais je n'y prêtai pas grande attention. Chacun avec ses problèmes et je cherchais justement solution aux miens. Peu de temps après qu'ils me dépassèrent, un véhicule de la police apparut et s'arrêta. Des hommes armés sortirent et marchèrent vers moi. Je n'avais rien fait donc je restai tranquille. Ils me demandèrent ce que je faisais là et si je n'avais pas par hasard vu des hommes qu'ils avaient pris soin de me décrire. Je restai muet telle une tombe alors ils me menacèrent de m'embarquer pour complicité de vol car selon leurs dires, les fameux fuyards avaient dévalisé un supermarché et avaient emporté une sacrée somme d'argent. Involontairement, je me mis à me défendre et à crier jusqu'à ce qu'il ne resta plus aucune dent dans ma bouche.

Soudainement, j'ouvris les yeux. J'étais allongé sur un lit avec une migraine atroce. Mes camarades étaient à mon chevet. La soirée continuait de battre son plein. Je me levai difficilement et regardai dans le miroir. Mes trente deux dents étaient intactes.

— Qu'est ce qui s'est passé? Leur demandai-je.

— Tu as beaucoup bu et tu t'es évanoui pendant quelques minutes...

L'HORPHELINE HORS PAIRE

Dix neuf heures sonnait en ma petite montre. Le soleil était déjà couché depuis quelques instants. le ciel perdait peu à peu sa teinte pourprée et s'assombrissait de plus en plus. De grands bourdonnements se faisaient entendre suivis des éclairs. Les premières gouttelettes d'eau commencèrent à arroser le sol. Au volant de ma voiture, un vrai bolide, j'accelerai pour vite arriver à destination. Mais à peine fis-je quelques mètres qu'une jeune femme à pieds dans la seizième me rentra dedans. Violent choc; elle se retrouva à terre et se tordit de douleur. Je serrai sur le trottoir et me précipitai pour l'aider à dégager la route. Sur son bras, il y avait une entaille. Elle avait également la jambe cassée. Je la portai jusqu'au trottoir. Ensuite j'appelai en vain les secours. Le seul hôpital qui se trouvait dans les parages était à quarante kilomètres. Je décidai après maintes réflexions de l'amener chez moi à environ dix kilomètres où ma femme pourrait lui prodiguer les premiers soins. Elle est médécin. Elle s'appelle Nina.

En peu de temps, après avoir difficilement conduit, nous arrivâmes à mon domicile. Le vigile m'ouvrit le garage et je fis rentrer mon bolide. Il m'aida également à porter la jeune fille au salon.

Nina que j'avais pévenue par un coup de fil nous attendait avec une trousse de soins. Elle se mit immédiatement à l'ausculter et la soigna bien que la loi et le protocole l'interdisaient. Peu de temps après, la pluie s'arrêta et nous la conduisîmes à l'hôpital. Le lendemain, la police arriva et recueillit nos témoignages. Elle s'engagea à prévenir les parents de cette dernière.

La jeune femme s'appelait Abigaïl. Selon les médecins, elle devrait se remettre après quelques semaines de repos. Elle nous raconta son histoire; elle était orpheline de père et de mère.

Nina eut pitié d'elle et demanda à ce qu'on la prenne en charge jusqu'à son rétablissement complet; idée qui ne m'enchanta guère. Nous savions que dalle à son sujet et rien ne prouvait toutes ses affirmations mais elle insista. Je lui promis d'y réfléchir et de lui donner une réponse dans un bref délai.

Après mûres réflexions, je décidai à ce qu'on adopte Abigaïl. C'était un peu brusque mais nous n'avions rien à perdre. Cela faisait dix ans que je suis en couple avec ma femme et nous n'avions pas d'enfants. *C'était peut-être le ciel qui me comblait avec Abigaïl. Me Disais-je.* Nous avions donc rapidement commencé les formalités administratives auprès des institutions compétentes.

Quelques mois plus tard, elle se remit de ses blessures. Nous nous étions assurés qu'elle ne manque de rien. Nina lui acheta de nouveaux fringues et elle commença de nouveau à aller à l'école.

Très tôt, Abigaïl se levait et faisait le ménage avant d'aller à l'école. Les week-ends, elle faisait la lessive et repassait nos vêtements. En peu de temps, elle conquit nos cœurs.

Un soir à mon retour du travail, je l'aperçus en petite culotte noire, moulante et en camisole en train de faire le ménage au salon. Je me laissai emporter un petit moment en nourrissant mes yeux de ses rondeurs extraordinaires. Une chaleur inestimable m'envahit. Je regardai ses jambes, remontant à ses cuisses jusqu'au bout pointu de ses petits seins qui regardaient le ciel et aussi les traces de son slip qui se faisaient voir à travers sa culotte moulante. Elle était belle. Les haillons qu'elle portait auparavant voilaient sa véritable beauté. Je revins quelques secondes plus tard sur terre. Elle était là devant moi et me tendait ses deux mains.

— Qu'avez-vous papa? Cela fait au moins une minute que vous êtes en quelque sorte figé. Je demandais à prendre votre sac.

— Ah Abigaïl. Je me suis rendu compte que j'ai oublié un dossier important au bureau. Répondis-je en lui tendant mon sac. Ta mère est déjà de retour?

— Ce n'est pas grave. Vous le récupérererez demain ou bien ? Maman n'est pas encore rentrée. Mais ne vous en faites pas. Je me suis occupée de la cuisine.

— Je ne savais pas que tu savais cuisiner.
Laisse-moi prendre une douche et je reviens.

— D'accord.

Elle me suivit jusqu'à la chambre à coucher où elle déposa mon sac sur l'armoire. Je m'introduisis sous l'eau de la douche et laissai sa fraîcheur imbiber mon corps. Je la rejoignis plus tard au salon où elle me servit un petit cocktail que je dégustais. Nina n'etait toujours pas de retour; ce qui m'inquiétait. Il fallait que je lui téléphone. Je me levai et constatai que mes jambes supportaient difficilement le poids de mon corps. Ma vision devenait flou. Je me rassis. Je commençais à mal articuler. Quelques secondes plus tard, je sentis quelqu'un me traîner jusqu'à la chambre.

J'entendis une voix qui ressemblait à celle de Nina.

— Chéri, laisse- moi prendre soin de toi ce soir. Tu es tout stressé.

— Nina c'est toi?

— Oui c'est moi mon amour. Répondit la voix.

— Mais qu'est-ce qui m'arrive? Pourquoi je me sens si faible? Je ne vois plus également rien.

— Calme-toi mon chéri. Tu es juste un peu fatigué. Tu dois te reposer mais bien avant cela, je vais m'occuper de toi.

Je sentis qu'elle désserait ma ceinture. Ensuite, elle saisit mon pénis et le branla si fort que mes sens sexuels se réveillèrent. Elle me fit de petites fellations. Ç'etait comme si je rêvais. Puis elle me déshabilla complètement et me fit l'amour. Je m'endormis ensuite comme un bébé.

Le lendemain, Nina était toute en hargne contre moi. Elle prétendit que je lui avais posé un lapin. Je lui avais envoyé un texto lui disant de m'attendre pour un dîner aux chandelles dans notre restaurant habituel. Elle m'y avait attendu toute la nuit. Je ne comprenais pas ce qui se passait. Au lieu de me croire, elle se mit en colère et m'interdit de lui adresser la parole. Je ne me rappelais plus de ce qui s'était passé la veille. Pour avoir le coeur net, je vérifiai ma messagerie pour voir s'il y avait un message de ce genre. Mais rien du tout. J'en déduis qu'elle me racontait des baratins.

Nina et moi ne nous adressions toujours pas la parole. Elle ne cuisinait plus, laissant tout aux mains d'Abigaïl.

Un soir, de retour du travail, je vis une enveloppe sur la table du salon qui m'était destinée. Je l'ouvris puis je tombai sur une photo dans laquelle Nina embrassait un monsieur dans un restaurant. J'emportai la photo avec moi et montai jusqu'à la chambre. Dès que j'ouvris, je tombai sur Abigail en maillot de bain assise sur le lit. Résister devant une telle beauté, je ne pouvais pas...

De son index, elle me fit signe de la rejoindre.

— Ferme la porte mon petit papa adoré et

approche. Approche s'il te plaît et écrase-moi. Ta vilaine petite fille a besoin d'être redressée. Me lança-t-elle avec une voix douce et séduisante.

— Abigaïl! Qu'est-ce que tu fais ici à moitié nue Et c'est quoi ce langage masochiste?

— Allez, ne t'arrête pas là. Viens me punir. Je sais que tu en as follement envie. Ça fait longtemps que tu me dévores des yeux.

— Mais tu es ma fille ! Sors d'ici tout de suite!

— Non mon papounet. Je ne suis pas ta fille. Je sais que tu meures d'envie de toucher ce corps. Ça se lit sur ton visage. Pourquoi ne pas en profiter avant que maman ne revienne? D'ailleurs où est-elle? Une bonne femme au foyer ne devrait déjà pas être à la maison pour s'occuper de son mari ? Moi je suis là mon papounet. Je te serai fidèle comme un chien reste fidèle à son maître. Entre dans mon monde et tu verras ce dont une petite fille de seize ans comme moi est capable de faire. Je te promets que tu vas aimer.

J'étais toujours figé devant la porte. Mes yeux n'en revenaient pas à ce qu'ils étaient en train de voir et mes oreilles à ce qu'elles entendaient. Je revis dans mes pensées comment Nina embrassait fougueusement cet homme inconnu et cela me rendit furieux. Abigaïl se leva et enleva son soutien gorge. Ses petits seins trésautaient sur sa poitrine lorsqu'elle s'avançait vers moi. Je restai pendant trente secondes bouche bée. Elle me prit mon sac et l'envoya balader à terre avant de titiller son corps contre moi. Mon petit bonhomme se gonfla dans mon pantalon. Je brûlais de désir. Cela se laissait clairement voir. Elle enleva mon veston et ma chemise puis ensuite me déceintura. Je me rappelai en cet instant du serment de fidélité que j'avais prêté à Nina.

— Arrête Abigaïl. Dis-je en la poussant Fortement sur le lit. Je ne peux pas coucher avec toi. Tu es ma fille. Ce sera malsain de faire un truc pareil.

— Pourquoi ? Qu'est-ce qui t'a fait changer d'avis? Tu étais pourtant partant.

— Non Abigaïl. Répondis-je en me rhabillant. Je n'ai jamais été partant. Tu m'y as forcé. Je n'ai pas les mots. D'où connais-tu toutes ces choses ?

— Ce n'est pas important. Dit-elle en se levant. Je t'en supplie papounet. Ne me regarde pas comme ta fille. Il suffit juste que tu fermes les yeux et te laisser aller. Redresse-moi s'il te plaît.

— La ferme! Dégage de ma chambre avant que je ne commette un crime.

— S'il te plaît, papounet.

Elle sauta à mon cou et enlaca ses pieds autour de ma taille et essaya de toutes ses forces de m'embrasser. Je la repoussai de nouveau cette fois-ci violemment.

— Tu oses me repousser espèce de cinglé?

— C'est toi la cinglée. Sors de ma chambre!

— Eh bien, tu l'auras cherché.

Elle se leva, sortit et claqua rageusement la porte derrière elle. J'étais abasourdi. Je n'aurais jamais imaginé un tel comportement venant d'elle. Cela m'amena à beaucoup m'interroger sur elle. Nina rentra.

— Qu'est ce qui s'est passé ici? C'est quoi tout ce désordre dans la chambre ? Me demanda-t-elle.

— Tu m'adresses à présent la parole femme? Pourquoi ne me dis-tu pas plutôt où étais-tu jusqu'à cette heure tardive de la nuit?

— C'est quoi ce retournement de question? Tu sais très bien que je suis médecin et des fois je suis de garde.

— Garde mon oeil! Criai-je en sortant l'enveloppe et en la lui jetant en pleine figure. Elle la ramassa à terre et y sortit la photo. Sa physionomie changea immédiatement.

— C'est quoi ça Georges?

— Je suis maintenant censé te donner des explications sur ton adultère ?

— Adultère? Où as-tu trouvé cette photo? Je ne connais pas cet homme.

— Arrête tes balivernes Nina! Depuis tout ce temps, je pensais être fautif or c'est plutôt toi qui cherchais des excuses pour couvrir tes sorties romantiques. Ce prétendu message que je t'ai envoyé? Est-ce vrai où c'est aussi un autre mensonge de ta part? Dis-moi depuis quand sors-tu en cachette avec cet homme? Et surtout ne t'avise pas de me mentir.

— Je te dis la vérité Georges. Je ne connais pas cet homme. Je t'assure que tu m'avais envoyé un message. Je ne te trompe pas chéri. Crois-moi.

— Montre-moi alors ce foutu message!

Elle sortit son téléphone, le foullai pendant un bon moment.

— Je ne comprends plus rien. J'avais le message dans mon téléphone.

— Tu es pathétique Nina. Je ne peux pas tolérer que tu me trompes sous mon toit et que tu me mentes en plus. Il nous faut une pause.

— Quoi? Que veux-tu dire par là?

— Que j'en ai marre de toi.

Le lendemain à mon réveil, je vis Nina faire sa valise. On sonna à la porte. Elle appela plusieurs fois Abigaïl mais cette dernière ne donnait aucun signe de vie. Elle alla donc ouvrir. Des policiers en compagnie d'Abigaïl entrèrent.

— Monsieur Georges est là? Demandèrent-ils.

— Oui je suis là. Leur répondis-je en descendant les escaliers. Je les rejoignis. Qu'y a-t-il?

— Vous êtes en état d'arrestation pour aggression sexuelle sur une mineur.

— De viol? Moi? Vous faites une erreur officier.

— Oh que non. Répondit-il. Nous avons des

preuves vous incriminant.

— Et sur qui ai-je commis le viol?

— Moi. Cria Abigaïl en s'avançant.

— Quoi?

Ils me passèrent les menottes et me conduisirent au poste de police.

Une fois au poste.

— Monsieur Georges, vous avez agressé sexuellement votre fille. Qu'avez-vous à nous dire? Me demanda l'officier.

— Je n'ai absolument rien à dire officier. Je n'ai pas violé Abigaïl. Je ne sais pas d'où elle sort cette histoire.

L'officier fit entrer Abigaïl et Nina.

— Jeune fille, raconte-nous ce qui s'est passé avec ton père.

— Merci officier. Je nettoyais le salon lorsque papa était rentré. Il était resté une petite minute à la porte avant de me laisser prendre son sac. Ensuite je l'accompagnai dans la chambre. Je déposai son sac sur l'armoire et voulus sortir pour le laisser prendre tranquillement son bain. Mais il me retint et murmura de douces paroles dans mes oreilles et à m'embrasser dans le cou. Il me dit que je suis une belle jeune femme et que si j'acceptais le deal qu'il allait me proposer, dans peu de temps, je remplacerai maman. Il la chasserait sans doute pour moi. Il me montra ensuite une petite caméra cachée dans le creux de l'armoire qui allait nous filmer puis ensuite me demanda de me déshabiller et de me tourner. Je refusai de lui obeïr. Nina avait toujours été sympa avec moi. Elle m'avait ouvert les bras depuis le premier jour. Je ne pouvais donc pas lui faire ça. Alors, je le suppliai de me laisser partir mais il me poussa sur le lit et ferma soigneusement la porte à clé. Il me roua de violents coups de poing et déchira mes vêtements....

— Okay, ça suffit. Quand est-ce que cela s'est passé? Demanda l'officier.

— Le mardi monsieur. Répondit-elle en pleurant à chaudes larmes.

— Georges? S'écria Nina. Tu as abusé de notre notre fille ? Comment as-tu pu faire un truc pareil? C'est donc pour cette raison que tu m'avais fait poirauter dans le restaurant?

— Je vous en supplie messieurs. Je n'ai pas touché cette fille. Elle ne fait que vous raconter de la salade. C'est plutôt elle qui ne cesse de me séduire et me draguer ouvertement.

— Il ment. C'est un mensonge! Hurla Abigaïl. Il essait de s'en tirer. Si vous ne me croyez pas, allez dans sa chambre et vous trouverez la caméra avec laquelle il a tout filmé.

— Tu es tombé si bas Georges. Dit Nina. Cette petite gamine n'a personne au monde. Elle a toujours été obéissante et polie depuis son arrivée et toi tu te permets d'abuser d'elle et de la filmer ensuite? Je n'en crois pas mes yeux. Tous tes discours sur le bon sens et le savoir vivre ne sont finalement que des ramassis de conneries. Tu m'accuses d'adultère alors que tu es plus vénimeux qu'un serpent.

— Croyez-moi, je n'ai pas abusé de cette fille. Elle essaie de monter ma femme contre moi.

Un autre policier entra dans la salle.

— Chef, nous avons fouillé la chambre comme vous l'avez demandé. La fille a raison. Nous avions trouvé cette caméra dans un creux de l'armoire et ce n'est pas très bon à voir ce qui y figure.

— Bon boulot agent. Donne-moi ça. Amène moi un portatif. Nous allons maintenant voir qui d'entre les deux dit la vérité.

L'officier commença à jouer la vidéo. Nous la visualisâmes ensemble. Je n'en revenais pas. Tout allait dans le sens des affirmations d'Abigaïl. Comment était-ce possible?

— Monsieur Georges, nous allons vous mettre en garde à vue le temps de vous amener devant le procureur.

— Quoi? Ce n'est pas possible! Cette fille vous ment sur toute la ligne. Je suis innocent.

— Ce sera au juge d'en décider monsieur.

— Laissez-moi seule avec ma femme une minute officier. Je vous en supplie.

— OK. Vous avez deux minutes.

— Écoute chérie. Tu dois me croire. Je n'ai pas

touché Abigaïl. Avant que tu ne rentres du boulot l'autre soir, elle m'avait forcé à coucher avec elle. Mais je ne l'ai pas touché. Cette fille est malade.

— Je ne te crois pas Georges. Et la vidéo? C'est aussi elle qui l'a monté ? M'as-tu crue lorsque je t'avais dit que je ne connaissais pas cet homme sur la photo?

— J'y pense quand tu parles. J'avais vu l'enveloppe sur la table au salon. Qui pourrait bien l'avoir mise là? Abigaïl justement. Et le texto? Je ne t'ai jamais envoyé ce message. Elle fait tout pour nous séparer. Elle n'est pas celle que tu crois.

— Et moi, je n'ai jamais embrassé cet homme sur la photo…

— Je crois que tout ce qui nous arrive est purement l'œuvre de cette jeune fille. Elle essaie de nous monter l'un contre l'autre.

— Mais comment peut-elle faire des trucs pareils? Elle n'a que seize ans.

— Seize ans! Elle connait des choses que même ta grand mère ignore. Écoute, appelle mon avocat. Ensuite va fouiller dans ses affaires. Elle y cache certainement des choses.

— Okay. Mais j'ai du mal à croire tout ça Georges. Et si c'est toi qui me manipules?

— Nina! Que gagnerais-je?

L'officier entra.

— Tic tac. Les deux minutes sont terminées.

Madame, vous devez accompagner Abigaïl voir un psychologue. Quand à vous monsieur, veuillez me suivre.

Sur le chemin de retour...

— Je suis désolée pour tout ce que mon mari t'a fait subir Abigaïl. Je ne le laisserai plus te faire du mal.

— Je suis aussi désolée maman. Je ne voulais pas qu'il aille en prison.

— Ne t'inquiète pas. Il n'a eu que ce qu'il mérite. Mais pourquoi ne m'as-tu rien dit avant d'appeler la police?

— J'avais eu tellement peur. Il a dit qu'il me tuerait si je t'en parlais.

— Ce n'est pas grave. Demain, on ira voir un Psycholoque.

— Non maman. Je n'en veux pas.

— Pourquoi? Tu as vécu un traumatisme. Tu ne devrais pas garder cela pour toi seule. Il faut que tu te confies à quelqu'un et les psychologues sont des professionnels.

— Je sais mais je n'en ai pas besoin pour l'instant. Je n'aimerais pas que quelqu'un entre dans ma tête. Je me sentirai plus mal. Comprends-moi s'il te plaît.

— D'accord. On laisse tomber demain. Mais on ira dès que tu seras prête.

— Ok

— *Quelque chose cloche chez cette gamine.*

Et si Georges avait raison sur toute la ligne? Pourquoi refuse-t-elle de voir un psychologue ? Je ferai bien d'aller fouiller dans ses affaires comme me l'a conseillé Georges.

Au poste de police.

Je m'enfuis du poste la nuit avec la complicité d'un agent de police qui me devait un service. Il fallait que je me disculpe. Je ne laisserai en aucun cas cette petite traînée détruire ma famille. À mon arrivée chez moi, le portail était fermé. Pas de trace du vigile. J'escaladai la clôture et me dirigeai vers la porte. Je sonnai pendant une dizaine de minutes. Abigaïl vint finalement m'ouvrir. Elle tenait en main un révolver qu'elle braqua sur moi.

— Tu n'entres pas mon papounet? Je ne pensais pas te revoir aussi tôt.

— Abigaïl?

— Allez, n'essaie pas de jouer aux machos. Entre où je te tire dessus.

J'entrai. Elle ferma la porte à clé et me demanda de mettre mes deux mains sur la tête; ce que je fis. À quelques centimètres, je vis Nina et le vigile tous les deux ligotés à une chaise.

— Qu'est-ce que tu fais Abigaïl? Qu'est-ce qui te passe par la tête?

— À genoux!

Elle chargea le révolver.

— Fais ce qu'elle dit chéri. Sinon elle te tuera.

Cette fille est une déséquilibrée. J'ai tout découvert sur elle. Elle ne s'appelle pas Abigaïl mais Luna. Cela fait deux ans qu'elle s'est échappée d'un asile psychiatrique après avoir poignardé ses propres parents.

— La ferme maman ou je commencerai à mutiler un à un tes organes.

— Quoi? Tu ne t'appelles pas Abigaïl? Dis-je avec étonnement.

— Tu vas te taire papounet! Ne m'oblige pas à tirer. D'ailleurs, déshabille-toi. Tu vas me faire l'amour ici devant tout le monde.

— Non. S'il te plaît, je ne peux pas faire ça. Prends ce que tu veux et va t-en. Mais ne nous fais pas de mal.

— Et qui a dit que ton argent m'intéresse? Tu ne t'es pas rendu compte depuis ce temps que c'est toi que je veux ? J'ai tout essayé pour te séparer d'elle et ne t'avoir qu'à moi seule mais tu as tout gâché.

— Quoi? Je ne comprends pas.

— Ce texto, c'est moi qui l'ai envoyé à ta femme lorsque tu étais sous la douche. Ces photos et la caméra sont les fruits de mes montages. J'ai fait tout ça pour toi Georges.

— Tu es folle! Ta place est dans un asile. Nous t'avons secourue, nourric ct mêmc adoptéc. C'est de cette manière que tu nous remercies?

— Je t'aime Georges. L'accident n'était pas le

fruit du hasard. Je me suis jetée consciencieusement devant ta voiture pour que tu me percutes; comme ça j'entrerai facilement dans ta vie. Ça fait longtemps que je t'espionne.

— T'es qui au juste? Va-t-en!

— Pas question. Tu vas d'abord me faire l'amour. Ensuite, on verra. Peut être que je vous laisserai vivre.

— Non. Non et non!

Elle tira sans hésiter dans la jambe de Nina. Une imprévisible force m'envahit et je me jetai sur elle. Nous nous disputâmes le révolver. j'entendis un bruit. Hélas c''était une balle perdue qui me déchira l'estomac. Ma vision devint flou, mon cœur battit rapidement. Je la vis s'éloigner. Elle ouvrit la porte…

Dans les secondes qui suivirent, le vigile réussit à se détacher et appela les secours. Nina et moi fûmes conduits rapidement aux urgences. Les policiers fouillèrent la maison et les environs. Mais pas de trace d'Abigaïl ou Luna. Dans sa chambre, ils trouvèrent son journal et un laptop dans lequel une autre vidéo du prétendu viol se trouvait. J'étais plutôt la victime dans celle là. La police comprit qu'elle avait trafiqué la première pour m'incriminer. Ils trouvèrent également un logiciel qui permettait de monter des photos et vidéos.

Plusieurs semaines plus tard, J'etais disculpé. J'avais également retrouvé ma santé. Nina et moi décidâmes de nous pardonner mutuellement et de recommencer à zéro.

Un soir, je vis aux infos qu' il eut un terrible accident de circulation dans une ville voisine. Une jeune femme traversait imprudemment la route. Un homme roulant à vive allure freina pour éviter la collision mais n'y parvint pas. Elle perdit sur place la vie. Cela portait à croire que c'était Abigaïl.

CE QUE M'A COUTE LA MASTURBATION

Je m'appelle Kodjo. Je suis directeur adjoint d'une grande compagnie de la place. Mes problèmes ont commencé le jour où j'ai été affecté pour une mission à l'étranger.

J'étais fraichement marié à une sublime demoiselle nommée Sénam mais le travail ne nous laissera pas le temps de profiter de notre lune de miel. Une semaine après le mariage, mon supérieur hiérarchique me remit une enveloppe dans laquelle la mission était bien détaillée. Cela prendrait pratiquement un an et je devais aussi m'apprêter à partir dans trois jours. Une situation difficile pour nous mais face à laquelle j'étais impuissant.

— Promets-moi que tu m'appelleras chaque jour et que tu te comporteras bien.

— Je te le promets mon amour. On s'appellera tout le temps.

Trois jours plus tard, je m'envolai. Les premiers mois avaient été un peu compliqués. Je devais m'adapter à mon nouveau environnement et à mon nouveau travail. Sénam aussi me manquait énormément. Pour combler ce vide, je lui téléphonais tout le temps. Cela m'aidait à tenir le coup.

Un soir, de retour du travail, j'appelai Sénam pour un peu échanger avec elle mais malheureusement, elle était inaccessible. Après avoir fait la cuisine et avoir mangé, je me rendis sous la douche et me laissai emporter par la fraîcheur de l'eau. Je passai mes mains sur tout mon corps, débouchant sur mon sexe. Le saisissant, je remarquai sa solidité. Puis une idée me vint; celle de le frotter avec du savon.

Je n'avais jamais fait un truc pareil mais cela me donnait petit à petit du plaisir. Je mouillai bien ma main du savon et frottai en douceur jusqu'au gland tout en pensant à Sénam. C'était comme si je faisais l'amour en vrai avec elle.

En un bref laps de temps, je pris goût à cette nouvelle habitude. Sénam me manquait mais moins par rapport aux premiers mois. Je lui téléphonais de moins en moins et quand elle me demandait les raisons, je lui inventais tout un tas d'explications qu'elle ne pourrait jamais imaginer fausses.

Le plus exaltant, c'était lorsque je téléchargeais des photos de femmes célèbres excitantes sur internet devant lesquelles je me bandais. L'avantage était que je pouvais avoir n'importe qui avec laquelle je désirais m'amuser. Il suffisait de taper le nom sur internet et le tour était joué.

Plus tard, je terminai ma mission. Je rentrai au pays. Un acceuil chaleureux m'y attendait. Sénam sauta à mon cou, me couvrant de bisous pendant longtemps avant de me lâcher. Indirectement, elle me faisait savoir que nous allions rattraper tout le temps perdu. Elle me cuisina de délicieux mets et me laissa me reposer. Pendant la nuit, je sentis ses mains titiller mon corps. Je me levai. Elle était assise à moitié nue prête pour le premier round du rattrapage. Elle m'embrassa fouguesement. Je lui avais vraiment manqué. Malheureusement, je ne ressentis plus le plaisir comme quand je l'embrassais bien avant mon départ. Pour qu'elle ne sache pas, je me laissai emporter par ses caresses.

Mes comportements commençaient à changer à l'égard de Sénam. Je n'aimais plus qu'elle me touche, ou qu'elle me fasse la bise à mon retour du travail. Sexuellement, elle ne m'attirait plus. J'avais gardé toutes les photos devant lesquelles je me donnais du plaisir. Pour cela, je devenais indifférent face à ses désirs par contre je m'incrustais aux toilettes lorsqu'elle dormait et me branlais minutieusement.

Sénam remarqua mes attitudes et demanda à ce qu'on en parle. Je ne pouvais guère lui avouer la vérité alors je lui fis croire qu'il n'y avait rien. Elle par contre pensait que j'avais une maitresse; ce que je démentis formellement.

Petit à petit, Sénam changea aussi de comportement. La sexualité l'importait moins également, ce qui me donnait beaucoup plus de temps à m'engloutir dans mes fantasmes. L'on ne nous appellerait plus couple. Du coup cette complicité qu'il y avait autrefois entre nous avait disparu.

Un soir, de retour du travail, j'entendis de petits cris. Je m'arrêtai un instant afin de pouvoir le localiser. Cela venait de notre chambre conjugale. Je me dépêchai d'aller voir ce qui s'y passait. La porte était grandement ouverte. Sénam était en plein ébat sexuel avec notre vigile. Je laissai nonchalemment tomber mon sac sur le sol. Ils sursautèrent tous les deux dès qu'ils m'aperçurent. Puis d'un léger sourire elle me dit:

— Déjà rentré chéri? Pourquoi ne viens- tu pas nous rejoindre?

TABLES DES MATIERES